變老能得到什麼 GELASSENHEIT

泰然享受人生下半場的十堂課

著—威廉·許密德 Wilhelm Schmid 譯—賴盈滿

愛米粒出版

目錄

4 前言

15 —第一堂課— 了解生命的每個階段，然後善用它

25 —第二堂課— 進入老化這個人生階段，「依然」和「還是」才是王道

39 —第三堂課— 讓習慣成為生活的一部分，生活變得更輕鬆順暢

49 —第四堂課— 「接受並喜愛」變老這件事

61 —第五堂課— 正視疼痛與悲傷

73
—第六堂課—
和五體感官來個親密接觸

83
—第七堂課—
體會愛、友誼和歸屬感

95
—第八堂課—
與生命和諧共處，泰然以對

105
—第九堂課—
生命有限，何不追求珠寶般的人生

117
—第十堂課—
變老的是我們的外表，而非本質

前言

起初它只是一個令我困擾的現象，一個讓我老是注意到的觀察。後來到了我五歲生日，有人邀我做了人生第一場演講，講一個一直縈繞在我心裡的主題：「變老。」講完之後，有幾位老人過來對我說：「小傢伙，你講得很好，但這些不可能是你自己知道的！」的確，我的想法不是來自個人的長大經驗，而是我母親的。我很欽佩她面對年老時的那種泰然，跟許多長者迥然不同，因此我努力站在她的立場盡量向她學習，以防哪一天派得上用場。她的泰然是從哪裡來的？我未來有一天如何能跟她一樣？

五歲那年演講，我取笑了德文裡的 älterwerden（變得更老）這個詞。älter 不是 alt（老）的比較級嗎？難道我們寧可更老，也不要老？我開始自誇，說我六十歲時絕對只會說自己**老了**，而不是**更老**，接著又說（彷彿自己是有幸經歷此事的少數人之一）等老化的問題解決了，如何面對年老很快就會變成過時的「老套」，而全世界的科學家正努力研究老化，因此我決定昂首面對，盡力和年老泰然相處，接受而不抗拒，既不美化也不醜化它，而是擁抱年老帶來的不便與舒適，迷人與不大迷人之處，不用粉紅色或有色眼鏡看待老化，而是以透明的眼鏡直視它。畢竟年長者的特權，不就是能目光清明看待一切？

現在我果然老了。我今年六十歲，這表示我年事已高，老實講真不好受，我一點也不泰然。生日那天，想到自己不得不向五十歲告別，再也無法重回那剛逝去的美好十年，我就難過得無法自己。十年前，我已因為向四十歲說再見而難過了一次（那次尤其嚴重），因為我對接下來的日子不抱多大期望。沒錯，年齡只是一組數字，但它們象徵著逐漸逼近的現實，直到你愕然發現過去已經太長，未來縮得很短，死亡就在眼前，再多心理準備也無法平復現實到來時的衝擊，連那些不把老化當回事的玩笑話也派不上用場。「你感覺和你年紀一樣老？」真的嗎？少來了，面對現實吧，你通常比你自己感覺得要老，而且你的感覺非但改變不了什麼，還只會讓你欺騙自己。的確，不是所有欺瞞都是壞事，但在年老這事上，當你發現再多的屁話也抵不過真相，只會加倍失望。

很長一段時間，我想像老年時光就是靜靜坐在陽光煦煦的露台上，躺在休閒椅裡眺望自然美景，跟自己及世界和諧共處。我現在還缺了露台，當然也就沒有其他東西。我只確定一點，就是我絕不想成為那些只想重拾青春，搞到自己很可笑的老頭子，也不想當個暴躁老人，因為自己生命凋萎了，而對周遭欣欣向榮的一切忿忿不平。我不想披著自以為是的盔甲，浪費所剩無多的精力倚老賣老攻擊年輕後輩，雖然他們可能什麼都錯。事實上，我相信年輕人永遠是對的，就算弄錯了也是對的，意思是他們有權在這世上累積自己的經驗，不論好壞，他們都會從中學到智慧。

唯有接受事實，才能泰然處之，否則只會浪費寶貴的資源，徒然否認明知不對的事物，而那些事物根本不受影響。年老，就是比其他改變更常遭遇**一去不返**的經驗。這點本來是很自然的，但在現代社會卻成了惱人的事情：既然科技幾乎無所不能，為何不能讓人青春永駐？我也想青春永駐，但那會是怎樣的人生呢？我也希望每天都有彩虹當空，蝴蝶飛舞，但如此一來，難道不會讓負面和不合意的事更難忍受？好吧，與其浪費彈藥對抗老化，我寧願懷抱自信，將生命烙印在每一道皺紋和老人斑裡。

學會和年老共處是一門新功課。變老是理所當然，而將理所當然的現實化為一門技藝，將社會上的**反老化情結**變成**年老的藝術**，學會和必然共處，而非對抗它，將有助於我們面對年老階段的生命挑戰，即使年歲增長，依然能體會生命的美好與它所賜予的一切。

生活的藝術一直是我哲學思考的主題，不是因為我很擅長，而是我有需要。生活藝術的概念自古就有，希臘文是 techne tou biou 和 techne peri bion，拉丁文是 ars vitae 或 ars vivendi，兩者都意指有意識又有目的的人生。一般人常常認為生活藝術就是過得自由自在、無拘無束。如果這是你想過的生活，那當然可以，但這並非努力得來的，因此不能夠稱為「藝術」。另一種生活方式很不一樣，要複雜得多，那就是清楚明白地掌握自己的生命，甚至發揮創意為生命重新定向。這種自覺不是隨意就能做到，也不是隨時必要，因為偶爾停下來想一想就夠了，例如現在就是不錯的時機。所有人都會變老，但變老是什麼意思？如何發生的？我在這個人生點上處於什麼位置？能夠期望什麼？要怎麼預做準備？什麼是我力所能及，什麼又是我力有未逮的？這時就該讓生活藝術上場了。它的覺察讓我們在這個人生階段也能找到方向，活得清楚明白又有意義，不讓我們受隨波逐流的慾望擺佈。

老化在現代社會成為問題，是因為人們認為年老沒有意義，甚至是一種**病**，必須早期發現，積極治療，避免需要手術根除。這種將老化視為沒有意義，需要強力防堵的負面觀點，是現代「唯我主義」盛行的副作用。唯我主義只認同永遠年輕的**我**。一九八四年阿爾發村合唱團的《永遠年輕》更是擲地有聲，成為風行一時的國歌與口號，翻唱者無數。但只要某個觀點蔚為主流，反彈的聲音就會出現，因為壟斷詮釋只會讓生命沈寂，有害生命，而光憑矛盾就足以重振生命。因此，另一個觀點將年老視我並不泰然，但我若想擁有美好人生，就該心嚮往之。泰然在任何生命階段都是大禮，但愈到人生晚期愈有益處，因為生命變成更加艱難，限制更多。或許真的只有年紀大了，才能獲致泰然，畢竟唯有當人生的浪頭過去，荷爾蒙不再作祟，當我們歷練老成，見多識廣，通達事理人情，才比較容易處之泰然。

本書從觀察、經驗和反省之中擷取了十個從人生上半場到人生下半場的十堂課，追求的是泰然自適的泰然，而非自得自滿的泰然（「看我對人生多泰然！」）是和讀者一起找出一條明智實用的道路，帶領我們走向真正的泰然，而非只是感覺到它而已。這趟旅程的第一步就是反省人生各個階段，正視人生的變動不居，了解老化與年長的特點，以便坦然視之。

第1堂課

了解生命的每個階段，然後善用它

第①堂課

了解生命的每個階段，然後善用它

生命究竟是什麼？它看得到摸得著，卻又無影無形；始終如一又變動不居；有時花樣不斷，有時又單調重複。生命帶來慾望與幸福，也帶來痛苦和不幸，沒有人知道出於怎樣的安排。生命讓我們渴望親密與關係，卻又讓我們拔腿逃離。生命要我們覺察當下，又讓我們隨波逐流。

兩極是生命的基本特色。生命總是在兩極間擺盪，來回於憤怒與喜悅、恐懼與希望、渴望與失望、成為與逝去之間，這點早已被人視為命運之必然。萬物隨時有生有滅、相生相滅，老化也是如此。但到了現代社會，活在兩極之間卻成了問題，我們該如何學會泰然以對？

想善用每個生命階段，就要覺察各階段的不同。如同一天的不同時段，有人日出即起，有人不是早起的料。不過，我們通常不會坐等日上三竿。值此人生的黃金階段，時間無限，可能性無窮，我們喜歡迎向挑戰，埋首於工作之中，做起事來得心應手，直到忽然發現午飯時間到了。到了下午，時間開始變慢，我們的動作也開始減緩，感覺有些疲憊，突然有種空虛。該怎麼熬過去呢？一天的低潮時刻來自我們愕然發現一天就快過去，而事情還做不完。不過，別緊張，晚餐後還有許多時間。然而，晚上的時光更應該留給家人或朋友故舊。最後我們精疲力竭，等著上床睡覺。

生命階段也是如此，只是進展速度人人不同，可能需要更細緻的劃分。認識這些階段，給予各階段當得的時間與注意（反正最後也會佔去那麼多時間與注意，）是邁向泰然的第一步。生命的**第一節**就像早晨，雖然早起可能很痛苦，不過人生頭二、三十年似乎充滿了無限可能：我們感覺自己無所不能，無止盡地活在無限可能構成的世界裡，任由我們藉著玩耍、嘗試錯誤與教育去探索。一望無際的可能性讓我們躍躍欲試。這是個完全屬於**可能**和**潛能**的階段，「我可以」的意思是「只要我想，就做得到。」

然而，生命一開始就在走向老化，只是起初幾乎無法察覺，之後突然竄出讓我們措手不及，一時間無法應付。老化從我們在子宮裡就開始了，而我們毫無所覺。我們三歲時只想快點變成六歲，六歲時想變成十二歲，十二歲時恨不得立刻變成十八歲。當我們擺脫尷尬的青春期，對時光流逝開始有了新的感受。童年時蝸牛走步般的時間一到成年陡然加快，幾乎沒時間處之泰然。這時，我們有些人已經知道自己要什麼並忙著追求，其他人還在尋找，甚至想要回頭。「我怕變老。」一名二十歲青年這麼對我說。青春期有時會無縫接軌到嚴重的存在危機。很早就在感情中受挫，或人生規劃不如預期，可能導致所謂的**青年危機**。

許多事情發生在人生的第一節。基本上這是一段不停實驗的時光，而累積的經驗也會在未來用上。人生的**第二節**來得很急，大概接近中午，也就是三十歲左右，我們突然察覺不對，事情並不如表面那樣，可能性並非一望無際。雖然很難確定這份察覺發生在何年何月，因為範圍很廣，但我們頭一回開始自問：我們的人生規劃到底有哪些依然可望成真？

對於成家立業這類的長期計畫，時間是關鍵。然而，這些外在壓力比起我們決心貫徹決定，在對自己、他人及世界的關係上達成理想與目標時所受的壓力（如果我們真想達成的話）根本不算什麼。跟「只要我想就做得到」說再見是這個階段的註冊商標。證明自己的勇氣，向世界證明自己真能做到的時間到了。「我做得到」意味著真正去實踐，就算需要長期抗戰，面對重重險阻也要達成。面對眼前挑戰時的興奮遠勝於自己能否克服困難的憂慮，我們深刻感覺自己紮紮實實存在著，就算有時焦慮也依然強韌不屈，很容易忘了自己正在變老。

緊接著到了四十出頭，我們一下子跨過了子午線，越過了人生的中點（即使活到八、九十或一百歲也一樣，這在目前的第一世界國家並不稀奇。）從此，未來的時間只會比過去的時間少。老化愈跟愈近，有如不懂得保持距離的偷窺狂，卻又看準我們奈何不了它。在這個新的人生階段，保持身心靈平衡有如波濤中行船，顛簸不下於青春期的起伏，甚至延續數年。這就像你中午飽餐一頓，正感覺精神飽滿，動作有些遲緩時，突然被人殺個措手不及。這種時候要能泰然，或許只有真心相信這個過程，放手讓老化發生才有可能。

中年危機和**更年期**將徹底改變我們的生命觀：在此之前，生命都是**向前看**，向著未來開放，沒有盡頭。（我的人生會是如何？我想成就什麼？我該怎麼達成？）如今卻變成**往後看**，頭重腳輕。（我的人生過得如何？我創造了什麼，實現了什麼？）

年輕時，我們對思考年老、臨終與死亡毫無興趣，也懶得討論，現在卻不由自主思考這些事，除非刻意壓抑才不會想。當我們進入這個新的人生階段，面對這個階段特有的身體與精神狀態，我們的觀點也會跟著改變。我們都受到自己的觀點左右，而我們的觀點又受到自身處境、工作環境、經驗與關係影響。個人觀點之根深蒂固，使我們幾乎無法換成別人的觀點。就算有時能同理他人或在心裡設身處地（例如想像比我們年輕或年長的人），這種「觀點轉換」也不會真正成為我們自己的觀點。因此，這個新的中年觀點就算比較「寬廣」，看似超越了年輕時的狹隘，卻註定同樣是侷限的，受限於我們當下的生命處境。就算我們年歲愈長，愈能體會生命有限，這也只是抽象的理解，因為生命的盡頭依然遙遠。

第2堂課

進入老化這個人生階段，「依然」和「還是」才是王道

第②堂課

進入老化這個人生階段，「依然」和「還是」才是王道

步入老年之後，學習泰然的第二堂課便是了解這個生命階段的特點，接受老化可能帶來的一切，尤其是挑戰。進入人生的**第三節**，我們明白自己生命的可能性正在減少，反而更能享受接下來幾年（甚至幾十年）的活動，得到更多成就感。年歲漸長，我們看著自己的可能性如泉水枯竭，於是全力反抗：不可以！有些人乾脆拋下手邊計畫或結束現有的關係，另起爐灶，心想這樣可以力挽狂瀾。

人生的午後同樣有其「專業知識」。這個階段「我做得到」更意味著我明白世界的運作原理，連做夢都能把事情做好，進而彌補人生已過巔峰的種種下滑（截長補短）。事實上，我的心智能力似乎不退反進，更能掌控和集中心智（專注），不再需要事事躬親，而是能區分輕重緩急，做選擇更有決斷（慎選），無論做什麼都做得專業又可靠（最佳化）。**這四重知識（截長補短、專注、慎選和最佳化）**信手拈來有如直覺，來自多年的經驗累積（好壞皆有），而且能不斷微調。學習新技能當然能彌補經驗之不足，卻永遠無法取代經驗。商場上，老員工經驗豐富，而且樂於跟後進分享，對公司的幫助絕對可觀。理想上，年輕世代的豐沛創意加上年長世代的深思熟慮，將是完美的結合。若能做到這一點，或許就能讓過熱的現代社會冷靜下來，產生不一樣的現代性。

人生第三節的優秀「知識」不僅限於工作，而是能用於生活各方面，尤其是我們對待自己和他人的時候。我們難道不希望自己隨著年齡增長，能夠和中世紀神祕主義者艾克哈特一樣被人稱為「生活大師」？難道這不是人生的一大滿足，也是生活藝術的真正目的？然而，徒弟必須學成了才能出師，所以永遠不會有人成為生活藝術大師，因為生命是一條永無止盡的學習之路，永遠有新的經驗、挑戰、社會變遷與科技進步在前方等著我們，而我們都曉得，這種知識永遠不可能完全確定。早在古希臘時代，斯多葛學派的塞內卡便觀察到：「人需要用一輩子學習如何活著。」

這個階段，我們必須接受身上出現明顯的老化跡象，而愛自己意味著接納逐漸出現的衰老徵狀，和這些令人窘迫的徵狀做朋友。在人生的第三節，別人身上的老化現象特別明顯，但我們自己呢？頭髮開始稀疏變白，法令紋出現，小病小痛也更加頻繁，只要不健身，身體就會感覺生鏽了。就算幸運得以免除老化痛苦的那一面，負隅頑抗也只會加深戰士臉上的皺紋。建立新關係變難了，讓我們更加在乎現有關係的親密與熟悉，更小心留意維繫友誼。過去的感情風暴已然過去，生命平緩前行，安定得甚至有些無趣。該去的地方去了，該做的事做了，天底下不再有什麼新鮮事。

於是年過六十，我們赫然發現人生的午後行將結束，事情最好別拖到傍晚。我們長年活在**長生不老泡泡**裡，覺得放心安穩，直到最近泡泡開始龜裂，現在終於破滅了。我們終於明白自己生命的可能，因為都經歷過了。多年來這些可能被雲霧遮住，如今緩緩浮現，其中許多已經過去，而我們就活在這些可能所帶來的現實裡，不論我們有做或沒做什麼。如果還有剩下，我們只剩這個階段可以去實現。一些問題變得無比迫切：我想留住什麼？哪一扇可能之門依然開著？我仍然需要做什麼？對我而言，什麼是重要的，什麼是我不該再耽擱或延後的？我應該放手一搏，最後一次倒轉人生，再次承受焦慮嗎？我還有多少時間？哪些計畫仍舊可行？我怎麼確定自己了解這個變動如此之快的世界？我還有力氣面對這一切嗎？就算有，又能支撐多久？

這個階段，泰然意味著跟「依然」和「還是」這類不起眼的小字眼做朋友。這些字眼在我們生活中出現頻率愈來愈高，清楚點明了老化速度的加快。「你看起來**依然**容光煥發！」「你身材**還是**那麼好！」「你心算**仍舊**那麼快，真是厲害！」「你穿衣服**還是**跟年輕人一樣，真夠膽！」「你**還是**過得不錯吧？」重點是不被這些說法或類似的評語給激怒，因為這些話沒有惡意，反倒是一種安慰、鼓舞與激勵。而且話說回來，這些事就算**依然**做得來，也不會維持太久了。在這個人生階段，「依然」和「還是」才是王道。我們**依然**能打電話跟朋友聊天，**還是**可以補上該說的道歉，**依然**能知恩圖報，**還是**可以對人對事感謝。

我們愈來愈常回想過去，追憶錯失的機會、痛苦的缺憾、重大的相遇、把握住的機會、關鍵時刻與寶貴的經驗。這些回憶是如此耀眼，反而使得當下相形失色。明白自己不如過去強健，可能讓人認為生命就是逐漸喪失力氣。然而，強迫自己的身心靈在這個階段去完成一些已經不再輕鬆的差事，只會加速磨耗我們僅剩的資源。當然，有時事情會往上走，但整體而言，我們就像貓捉老鼠故事裡被抓到的老鼠，一邊被貓拖著上樓往屋裡走，一邊說：「至少不是下坡。」

這個階段可能持續很久。在富裕社會，人生並非於第三節就結束的人從來沒有像現在這麼多，因為多數人都會活到**第四節**，不像之前的人通常只能活到第三節尾段。然而，這時我們會加速衰老，從**靈活**走向**虛弱**，年齡通常落在七十五歲到八十歲之間。兩種人在此拉開了差距，一邊是被迫與身心障礙共存的人，一邊是人生的光彩正達巔峰的人。但無論如何，我們的能力終將衰退，不是不知不覺變差，就是突然惡化，令人難以消受。我們真的要在**這時候**開始新計畫嗎？結束了。我們的靈活度逐漸下滑，可能性大幅減少，直到剩下最後一個可能，就是在世上消失，即使可能還要好一陣子。我們曾經浪漫幻想過的「人生的黃昏」，可能因為各種病痛而變得黯淡無光。克服病痛或身心障礙將是一大挑戰，因為現代文明絲毫沒有要我們預作準備。

這階段，我們應當學習放慢腳步，安排資源，對自己更體貼，甚至比平常多一點時間獨處，回顧生活並思考死亡，因為生命的結局不再是遙遠的彼站。年老帶來的辛苦，年輕人完全無法想像，例如適應有如迷宮日益複雜的科技，甚至是進出浴缸這麼簡單、過去做來易如反掌的小事，都需要克服。

如同嬰兒時期，**行動力**再次成為我們的首要考驗。然而，比起嬰兒學會站立與步行，進而逐漸自立的光彩體驗——真的是累足成步——我們卻發現自己被歲月壓彎了腰桿，甚至無法隨心所欲從一處移動到另一處。我們曾經無視重力，現在卻被重力無情地往下拉。行動力下降伴隨著反應變慢，我們遲早必須決定何時繳回駕照。有時連簡單說個再見都很艱難，因為不免想到最後的道別。

我們所有人都會變老，連「青春永駐」的人也不例外，因此最好早點空出或生出餘裕來迎接老化，想像變老會是如何，問自己到時會需要什麼，想在怎樣的環境養老。是在自己家裡接受非臨床照護，有家人陪伴和護士協助？還是和狀況相同的老人住在一起呢？多代同住？還是支援性住宅？費用多少？如何確定所有安排都能及時到位呢？哪些地方已經裝設了符合老年人需求的設備？當我們老了，不幸失去寶貴的自立能力後，又該將自己交託給誰？

如何變老的決定權不在我們手上，至少在人生第四節是如此。沒有人會選擇骨質疏鬆，罹患憂鬱症或失智，也沒人想要駝背或滿臉皺紋，但這些都會發生。我們的身體不再更新，而是逐漸衰敗。因此，不難理解現代社會創造了安養院，照顧跟不上的老人，免得被年輕人碾壓，被機器擊倒，更重要的（卻也更可悲的）是讓他們退出社會，不再考慮他們。我自己在街上就常不耐地走過老人身邊，因為他們的速度對我這個「年輕老人」來說太慢了。我知道對老人家的慢沒耐心，完全不公平，也絲毫不泰然。他們沒走兩步就會停下來喘氣，而我心想：天哪，他們真老，比我老多了，我實在無法想像自己很快就會和他們一樣。

但我最近還發現一件事，就是我上下樓梯手會不自覺靠向扶手，這樣跌倒了才能穩住，因為我知道自己不像從前，踩空了可以從容優雅地平衡回來。還有，鑰匙明明不在口袋，我卻常在口袋裡瞎找，而我之前耳聰目明，現在也開始走下坡，必須把報紙拿得很遠才看得清楚，因為我不想讓人看到我戴眼鏡（這還需要一點時間適應。）別人說話時，我會悄悄轉頭，將聽力比較好的耳朵對著他，但小心地不讓他發現。戴助聽器？門都沒有！反正我也不想什麼都聽見——事實上，不用事事回應簡直如釋重負，比較討厭的是別人對我不耐煩，對我新得到的這份自由頗有微詞。

照顧過年長者的人都知道，老化有時效果劇烈。童年時，我們從完全仰賴其他人照顧開始逐漸自立，年老時，則是顛倒過來，從自立變成需要別人照顧。變老有許多方面都像回到嬰兒或幼童時期，只是過程相反，從擺脫尿布到穿回尿布，到需要別人餵食、攙扶上床、用輪椅推著走。當然不是所有老人，但為數甚多。童年時建立的空間和時間感，到了人生的後段開始衰退，僅剩的精力也逐漸減弱，曾經輕鬆做到的事開始變難。在老化的過程中，一些珍貴的習慣可能幫助很大，保持這些習慣的人都是幸運兒！由習慣代勞，我們才能泰然。

第3堂課

讓習慣成為生活的一部分，生活變得更輕鬆順暢

第③堂課

讓習慣成為生活的一部分，生活變得更輕鬆順暢

的確，人生到了第四節，如果生活完全不會被連根拔起，能繼續活在過往習慣的土壤中，那該有多好！畢竟，人生第三節的改變可能就很嚇人了。雖然我們幾乎什麼都有辦法習慣，連痛苦也行，只要不是太劇烈，但那需要時間，還有力氣，而年紀一大，這兩樣東西我們可能都不再有了。習慣的好處是做起來輕鬆愉快，毫不費力，因此培養習慣是泰然的第三堂課。老年人緊抓著習慣，是因為他們依賴習慣，有了習慣才不用經常重新來過。不幸的是，他們往往無法破除對自己有害的，或妨礙其他習慣的習慣。還是事情本來就是這樣？

習慣是我們生活的一部分，只是後來名聲掃地，才不被現代社會視為生活方式的組成要素。習慣很無聊，不是嗎？而無聊是現代人的頭號敵人。然而，受到習慣恐懼症傷害的不是只有老人。有經驗的人都知道，偶爾能回到熟悉的舒適圈內，跳離連綿不斷的意外挑戰，回到習慣的老窩，感覺有多愉快。習慣能讓人放鬆，因為它們重複而可靠。

因此，生活的藝術也包括養成習慣，好在一些地方讓習慣主導一切。習慣讓生活順暢，可以預測，建立起難以動搖的必然性。不論是有意識抬腿或無意識動腳，我的雙腿都能自行走到常去的地方，早餐會在我看報紙的同時自動進到我嘴裡，買東西時我的手會自動伸到架子上，完全不需要思考，除非東西改了位置。週六早上聽見最喜歡的廣播節目會讓我自動起床，到了常去的咖啡館不用點餐就可以開始和服務生閒話家常，晚餐也會自動完成，不需要我思考每個步驟。

懷疑習慣對日常生活有多重要的人，可以做個實驗：挑一天放棄所有習慣（例如某個週日，這樣實驗才不會影響太大）從早上起床開始，每件事都要想過、決定之後才做。問題來了，你要怎麼下床？每天醒來的第一個動作就包含許多程序需要考慮：為何下床？要做什麼？哪隻腳先下？什麼時候下？你可能得花上好幾小時才能起身。但就算站起來了，事情還沒結束：幹嘛去浴室（畢竟這只是例行公事）？早餐吃什麼？要喝茶、咖啡還是別的？之前習慣的早點都不能選。等你好不容易殺出重圍，卻又無法決定該用哪個杯子，因為有二十個可選，可是不能選你最常用、最喜歡的那個，否則就是照習慣做事，這點絕不可以。

雖然現代人嘴上不說，但習慣確實讓我們不必隨時有無窮的決定要做，生活得以游刃有餘。當每天有許多事情不需我們思考，彷彿完全自動，省下來的精力就能面對各種突發和意外，讓落在「習慣」安全網之外的事情得到該有的注意，好好決定該如何處理這些非常態事務。即使在這些事上，習慣依然派得上用場，因為我們在做決定時，腦袋往往一團混亂，而非一清二楚。為了時時都能做出明智的決定，我們需要充分了解眼前的狀況，分辨其中跟人有關和無關的部份。不想被不熟悉的事物打亂，沒有比反覆重做，直到這些事成為習慣更好的做法了。

然而，習慣的重要性不僅於此：正是這套脈絡與常規交織成的網路，使我們不費吹灰之力就能融入意義的世界，無須隨時親力親為。我們在習慣的庇護之下安排生活，這個「成為習慣」的過程使我們對周遭環境感到熟悉，而這正是「家」的概念。帶給我們「家」的感覺的，不是四面牆，而是所有誕生於家、環繞著家的習慣與常規。新買的房子和度假公寓也有四面牆，但感覺都不是家，因為習慣是歸屬感之母。一個地方一旦成為「家」就令人難以割捨。不論人類或個人的歷史都在在證明了我們有多倚賴習慣保護：每當我們遇到危機或悲痛，總會守著某些例行公事，好讓生活重拾節奏，從中再次得到力量。

家裡家外，習慣不斷地化不熟悉為熟悉，包括行為模式，觀看、聆聽、思考和感受，以及共享的常規與關係裡的各種儀式，連問題也有賴常規。因此，有時我們並不想擺脫問題，因為它們已經成了習慣，成為生活的一部分：既然沒壞，何必修理？事實上，隨著年紀增長，我們會發現自己愈來愈想保持生活的現狀，就算會引來問題也無所謂。我們害怕失敗會讓我們失去方向。我們不再像年輕人相信新習慣會跟舊習慣一樣，可以創造熟悉感和家的感覺。

因此，我們或許應該對習慣敬重有加，因為習慣讓我們更容易接納生活中的種種空間、行為、思想、意見、情緒與問題。當然，我們有時也會想擺脫習慣，不想死守不放，但這並未改變一個事實：人一生四分之三的時間都交在了習慣手上。年輕人生活中的習慣比例可以壓低，但年紀愈大，生活就愈深植在習慣裡。離開熟悉的環境、失去老友或結束一段熟悉的關係，就愈會感覺頓失所依。即使改變勢不可免，我們也希望至少能保留部份的習慣或常規。身體歡愉會隨時間而滋養成形，同樣能靠習慣維持，更幸運的是，就算年紀大了也一樣。

第4堂課

「接受並喜愛」變老這件事

第④堂課

「接受並喜愛」變老這件事

年紀一大，身體可能開始大病小痛，但像是為了補償似的，老化也讓生活的某些方面輕盈許多。有意識地享受身體愉悅，從中得到幸福感，是泰然的第四堂課。比起人生其他階段，這時候的我們激情不再，反而更能欣賞這些**小確幸**。雖然不知自己何時再也聽不到春天畫眉鳴囀，聞不到夏天草香清煦，踩不動秋天落葉窸窣，感覺不到冬天大雪在外，屋裡的舒服溫暖，但知道這些樂趣不是永遠都在，讓這些享受更加珍貴。

更別提一杯香醇的濃縮咖啡了，不僅能溫暖身體，還能滋養心靈。這和酒是一樣的道理：人生苦短，就該花在好東西上。那淺棕色油脂的香氣，入口的苦澀與咖啡因的興奮效果，保證讓我們感嘆生命步入黃昏，希望這些樂趣還能再多延續片刻。但我們無須為了上了年紀必須少喝咖啡而沮喪，因為每一口只會更加甘美，不像過去就算大口牛飲也品嚐不到多少滋味。泰然就是生活中充滿了這樣的確幸。誠如塞內卡在《道德書信集》裡說的，正是因能夠有意識地體驗愉悅，才使我們得以「接受並喜愛」老年，因為「只要懂得享受，老年其實充滿愉悅。」

拿我來說吧，我發現自己不但愈來愈喜歡好咖啡，旅遊慾也愈來愈強。難道這表示我對生命又燃起了新的渴望？愈接近人生終點，想去的地方就愈多。有一本暢銷書名叫《死前必去的一千個地方》(1000 Places to See Before You Die)，但隨便算算也知道，以我現在的年紀，要走完那一千個地方是不可能了，除非我不在意花費和旅途奔波的疲累，也不在乎拖垮自己和存款的風險，因為我遇過這樣的人。「我們很快就要沒地方去了。」有一回在火車上，一名八旬老翁（他也常搭郵輪）對我說。所以他錢花完了？還是除了生命之外已經別無可戀？不過，這位老先生還是堅持繼續旅行。「把錢省下來做什麼？」他說：「留給小孩嗎？他們應該自己存錢！」

尤其是**回憶的樂趣**，它在人生還有大段前程時感覺沒有什麼，但等我們到了緬懷往事的年紀，重要性就陡然倍增。我們喜歡回顧過去的經驗與成就，且由於故事結局已經知道，不再需要揣想，使得緬懷往事的感覺更美好，連悲傷的過往回憶起來也可能變得愉悅甜美，而非苦澀哀痛。還記得卡洛金一九六六年的暢銷名曲《回去》嗎？這首歌就常被上了年紀的流行歌手翻唱，如鼎鼎大名的菲爾．柯林斯。隨著音樂沉湎過往確實不錯，或許能喚起遙遠的回憶，回到依然青春的時光。許多廣播電台都看準了老歌的力量，刻意喚起聽眾對時代遠去的感傷——曾經的時光感覺多麼美好，如今卻離「真正的」生活愈來愈遠……

若你曾在年少時播下未來回憶的種子，現在就到了收成的時刻，因為當時的未來已經成了現在，而現在則成了過去。我回想自己挑戰過的風險，為了其中的成功而驕傲，就算失敗也瑕不掩瑜。成敗都是我，過去如此，現在依然。但這一切是真有其事嗎？每道回憶都會翻開過去，挖出其中的沈積。但我們必須記得一點，構成生命故事的許多回憶其實更像小說，將我們錯綜複雜的一生修剪成合情合理、頭尾一貫的傳記。只要遇到聽眾，我們就想編故事，這裡修改一點、那裡潤飾幾分。在人生的昏黃夕照下，一切都變得溫暖柔和，時間上的距離也會創造空間上的美感，人為的想像混入現實、揉塑現實，讓過去看來宛如一幅織錦。

有一項樂趣特別會隨著年紀增長而增強，那就是**對話的樂趣**。為自己或他人而寫的樂趣可能也是。我們手上多了大把時間，而且有數不盡的經驗與心得，渴望表達分享給別人。老年就像傍晚的天空，是生命的**微光時刻**，讓人想找個舒服的角落彼此交談，分享想法與經歷。只要記得也讓別人發言，別用已經說過幾百遍的事荼毒別人的耳朵，試著說一些之前沒說過而別人可能想聽的事就好！這樣，過去埋藏心底的事終於能說出口，卸下心頭的負擔。然而，只要說話沒人想聽，那就不是對話。這似乎是老年的一大問題：喜歡說的人多，願意聽的人少。聚會的時候，安排說故事時必須輪流分享和傾聽，這也許是解決的辦法。

老年的性愛呢？做愛能保持青春，而且由於這事已經打入了主流電影，我們不再覺得老年人做愛很噁心或無法接受。過去可能沒有老年人承認自己渴望性，現在幾乎人人直言無諱。但人的性慾會隨年齡變化，過去為了慾望而昏頭，如今反倒難以理解，不再隨時想撲倒對方。然而，次數雖然減少，強度卻增加了。性愛後的疲憊可能不像過去是出於激烈，而是心臟和血液循環不堪負荷。至少我們不用再和年輕人一樣，擔心一夜情後的虛脫，因為不再容易找到願意配合的性伴侶。露水歡愛不再可能，使得性終於變得單純，成為溝通、喚醒與狂喜的管道，此外無他。不過，性愛的功能會愈來愈被對話取代，讓衰退的性能力得以優雅退場：「我只是沒性趣了而已！」當然，我們有藥物能重燃激情，但若激情不是自發，我們還會想要嗎？我們的伴侶呢？這點值得討論。就性愛而言，泰然意味著輕鬆放下生命中曾經如此重要的部分。而當性變得不再那麼重要，或許反倒能讓兩性相處更加自在。

許多人發現年紀愈大愈喜歡園藝。雙手埋進土裡的感覺會改變一個人。在園藝的世界裡，時間是循環往復的，正好符合我們年老後對時間的體會。我們感覺自己更貼近地球的生命循環，而非現代世界的線性時間觀。在園藝中，我們強烈地感受到自己的存在只是自然秩序的一部分，有限的影響也只是一小部分而已。人為何會喜歡園藝？因為人類自遠古以來，就苦於生命終有完結，**而園藝和宗教一樣，是治療生老病死傷痛的良藥**。現代人特別難接受「有限」，因為我們認為生命的終點是巨大的黑洞（卻不認為這是一種信仰），而園藝提醒我們不只環境整體，個體也能重回自然的循環。院子那一方土地展現了死亡與重生的輪迴，也是我們有限生命結束後的去向。但這要如何想像？

老年是反省生命的好時候。過去我們一直把這件事往後拖。我們可以滿足自己的閒散慾，做些沒意義的事，單純**存在著**，跟孩子一樣只做自己感興趣或刺激的事，用無拘的思考創造最有趣的聯想，如同拉丁文 Carpe diem 所說的「把握今朝」。老年是活在當下的好時候，但要記得這不表示必須享受**每一天**。就算有些日子沒那麼美好，也不是毫無意義，因為它們讓美好時光感覺更加珍貴。泰然不代表事事滿足，恰好相反，年老帶來的泰然其實賦予我們偉大的特權，再也無須追著所有慾望跑。「在慾望之外，」塞內卡說道：「我們發現了無慾之慾。」

被動能讓活動更豐富，只是被現代社會污名化了。生活的藝術讓生命有了泰然的新選擇：我們可以繼續**活躍於**生活與社交，保持身材，學習新事物，也可以選擇**被動**，和社會保持距離，專心照顧自己，將心力奉獻給家人與朋友。藉由「活動療法」防止老年鈣化的人自然立意良好，但這麼做無疑顯露了現代社會的某種無助與想像力缺乏。除了老年，我們在所有年紀都能主張被動的權利嗎？畢竟生命本身便逼著我們對無法改變的事物泰然以對，面對痛苦與悲傷時尤其如此。

第5堂課

正視疼痛與悲傷

第⑤堂課

正視疼痛與悲傷

年紀大了需要什麼？健康，這不用說。過去我們一直將健康視為理所當然，如今卻成了要努力的課題。為了健康能做的事很多，例如妥善照顧自己、吃得健康、規律運動、跟有益的人事物在一起等等。但痛苦和疾病發生的機率不會隨著年紀增加而減少，只有少數人能一路健康到最後。我們可以立下保護網，利用正向經驗抵擋負面事物的侵襲。然而，泰然的第五堂課正是提高自己接受老年所帶來的大小病痛的能力。這要怎麼做呢？

我現在常受背痛和脖子僵硬所苦。怎麼會這樣？該如何解決？未來還有哪些毛病等著我？我每天早上都拖著身子去浴室，年輕時我只有徹夜狂歡，隔天早上才會遇到這個問題，但那已經是很久以前了。我起床覺得精疲力竭，全身筋骨酸痛，難道以後都會是這樣？皮膚上的老人斑雖然不會痛，卻讓我看了很刺眼，而再也無法一路工作到早上也讓我很不好受。

「你牙齦退化速度變快了。」牙醫師語帶遺憾地告訴我，這對我的牙齒不是好事，對我也不是好消息。「關節炎，」我的家醫科醫師對我說，但很快補了一句：「不過還是初期，」過去我對「攝護腺」這個詞很陌生，現在可是如數家珍。我下床有時會頭暈，這代表什麼？我的心臟是不是不時會漏跳一拍？

好吧，我是誇張了點，但我寧可疑神疑鬼，也不要腦袋空空，因為這樣才能保持警覺。既然幾乎只會每況愈下，我至少希望有所準備。我其實並不擔心**反安慰劑效應**（我可能真的會遇到自己擔心的負面事物），而是**無回應效應**，沒有力氣和勇氣面對負面事物。

若疼痛無法避免，至少有一些**排解措施**足以令人放心，如藥物、治療、冥想和手術等等，都能按照我們的個人需求與處境做細微的調整。然而，有一件事也很重要，就是如何積極地讓疼痛融入生活，這對慢性病痛尤其重要。畢竟我們沒有必要浪費力氣，打一場現實中不可能贏的仗。

疼痛對我們的生活影響重大。現代人以獨立自主為傲，疼痛卻正中現代人的這塊軟肋。然而，**泰然的獨立**包括接受一定程度的疼痛，自行決定什麼時候需要求助醫師。為什麼？因為這樣才能在我們忍受範圍內深刻地體驗生命，不用每回疼痛、疾病或悲傷來襲都惶惶惑惑，而是能親之愛之，甚至化為己有，無論發生什麼。這麼做的一大好處是沒有人會羨慕，所有體驗只會完完全全、徹徹底底地屬於我們。

生活裡許多事物都但憑機運，好壞皆然，沒有人真的知道為何這次運氣好，那次運氣差，因此就算發生了不該發生的事，也沒必要責怪自己、他人或生命。壞事就是會發生，人就是會生病，再確定的事也可能生變。為什麼是我？這問題沒有真正的答案。為什麼是現在？可能純屬巧合。什麼時候能結束？也許永遠不會。那怎麼辦？或許只能期望自己學會妥善面對，例如告訴自己無論這一切出於偶然或必然，都是「我現在的人生功課」。我接受這份挑戰，好化危機為轉機，因為它必然有其意義。任何事真的有其意義，到最後都會是好事嗎？就算是，那樣的好也不必然是事先確定的，對當事人不一定好，有時要事後才會明白。當時間過去（甚至常常要到一個人死後）在新的時空脈絡下，當初無法理解的忽然豁然開朗，意義非凡（這意義可能從一開始就存在了。）

基本上，我們沒有能力避開生命的兩極，去除正負兩面的緊張對立。生命少不了這些，我們的祖先就明白這一點，一如日晷所揭示的：明暗永遠在一起。然而，現代社會信仰及時行樂，總以為能完全去除生活裡的負面經驗，就像信徒們相信死後的幸福像天堂一樣，永遠只有美好感受。正因為這樣的死後想像，才使得**懷疑生命的意義、負面思考與感傷，**

數百年來在基督教世界毫無立錐之地，被斥為致命的死罪。

時至今日，憂鬱才是現代人的死罪。自古以來，憂鬱始終是人性的一部分，沮喪、低落和鬱悶是人類的常態，如今突然被視為滔天大罪，在我們這個後道德時代被當成一種「病」。然而，許多感覺自己受憂鬱所苦，也經醫院診斷如此的人其實只是感傷，用白話說就是消沉。這只是感傷的另一個說法，是靈魂的狀態，而非生病。雖然英文「感傷」的希臘文字根意思是「黑膽汁」*，但不代表非得這麼苦澀。

*譯註——古希臘醫學認為人體有四種體液，血液、黏液、黃膽汁與黑膽汁，任何一種體液過量都會造成身體不適，其中黑膽汁過多會使人憂鬱。

老年比年輕時更容易感傷，也更容易真的罹患憂鬱症。感傷在情緒或理智上都是激昂的，憂鬱症則不同，是一種退縮的感覺，失去了自省的能力。真正的憂鬱症患者無法跳脫自身思緒的框限，必須仰賴親朋好友陪伴，倚靠治療師和醫師提供治療。

這不表示感傷和憂鬱症很容易區分，兩者之間其實有灰色地帶。然而，近來感傷愈來愈常被診斷為憂鬱症，使得患者人數高到不合理的程度。這對藥商有好處，也有助於喚起民眾對憂鬱症的重視，但對個人卻沒有幫助。因此，陷於感傷的人首先需要的不是吃藥，而是有人可以傾訴，真正的憂鬱症患者才需要醫師與妥善的治療。

感傷往往不請自來，而且原因紛雜。失去確定感可能令人傷心，難以回復。失去重要的人事物會造成憂鬱，贏不了或得不到想要的東西也會。甚至多年來的心願總算實現了，也可能令人悵然若失。為了一個目標長年奮鬥雖能為生命帶來意義與方向，但當目標一旦達成，反而少了投注心力的對象，許多一心盼著退休的人經常輕忽了這一點。

不過，人生有些時候十足令人感傷，例如秋天樹葉掉盡、冬天陽光「怎麼也不肯露臉」、青年危機、中年危機或回憶快樂時光所勾起的危機。感傷會轉瞬消逝或待著不走很難立即判斷，我們往往只能接受，任它來去，泰然面對感傷的到來與離開。但這麼做無關乎「克服」感傷，沒有這種必要。更恰當的態度是接納感傷是人性的一部分，目的在讓我們的人生經歷與體驗更豐富完整。

最讓我們隨著年長而感傷的，是**存在的孤寂感**，在我們這個寵溺自我的年代尤其如此，而且自我還被自己倒打一耙：生命是**我**自己的，不屬於其他人，因此我必須忍受目睹不幸或悲傷事件在自己身上所扯開的深淵。只有**我**能將自己的生命活到盡頭，沒人能代替我。我對自己死後的想法跟其他人如何看待我不同。面對人性和世界的真相而感到厭世，那痛苦是無邊無際的。正視自己生命有限，有一天必須離開此生和摯愛的人，且那一刻即將到來，而非仍在遙遠的未來，接受這些事實是無比痛苦的經驗。

「我們此刻身在何方？」大衛鮑伊在二〇一三年發行的歌裡這麼唱道。他嗓音裡的感傷是如此強烈，使得這首歌雖然大獲成功，許多電台卻不再播放，擔心聽眾無法承受如此大的悲傷。鮑伊歌裡有幾行詞在回想自己一九七六年至一九七八年待過的柏林。如今他已六十六歲，赫然發現自己其實一直只是在「步向死亡」。沒什麼會永遠留存，一切都註定過去，逝去的無法重返，「你知道，你知道。」一切都註定過去，就算新來的終將消逝，無可避免。當我們年老，這件事比什麼都讓人在意。但我們無須對自己太過苛刻，而是應該敞開自己，接受各式各樣的觸碰。這麼做更容易得到泰然，尤其在難熬的時候。

第6堂課

和五體感官來個親密接觸

第⑥堂課

和五體感官來個親密接觸

我們一生都仰賴觸碰與被觸碰。打從出生的那一刻起，觸碰就是建立與強化免疫系統、形成人際連結與安全感的關鍵要素。孩童尤其如此，躺在大人的懷裡總是特別安穩。但就算長大了，我們也很清楚被人用手觸碰時的安定力量，狂跳的脈搏會舒緩下來，血壓也會因另一人的溫暖陪伴而降低。尋求觸碰是泰然的第六堂課。

人常常經由觸碰而熟悉彼此，光是不經意觸碰到手臂就能立刻產生信任感，觸碰愈深入，兩人關係就愈親密。反過來說，當我們想和一個人保持距離，就不會再觸碰他們，也不再讓對方觸碰。這個經驗深深根植在生命裡。每當我被人觸碰，就會活力充沛，感覺自己活了過來；一旦不再被人觸碰，生命的活力就會離我而去，讓我不再感覺活躍。觸碰是表達關注的一種方式，少了觸碰，我們的身體和心靈就會枯萎死去。愈少被觸碰，就對自己和他人愈陌生，最後也會和世界疏離，感覺被排除在外卻不知道為什麼。不再被任何人事物觸動的人就算離死亡還遠，依然會寂寞而死。

隨著年紀增長，觸碰愈成為活力與力量的來源。但當我們愈來愈需要觸碰，別人卻愈來愈不想觸碰我們。我們的肌膚不再和嬰兒一樣誘人，而且老人可能對觸碰變得在意或謹慎，使得別人不再主動觸碰他們。事實上，我們的文化宣揚和崇尚芳香無暇的肌膚，讓老人變得「不可觸碰」，彷彿一碰他們就會「染上」衰老，甚至死亡。這點尤其可惡，因為即使其他感官（尤其是視覺與聽力）都退化了，藉由觸碰和他人與世界溝通的能力卻敏銳依舊。而在生命盡頭，除了讓至親好友握著手，拭去額頭的汗水之外，我們更是別無所求。

為了替老年的觸碰正名，我們應該確保人人都能享有**適量肢體接觸**。

當我們還能自理時，我們可以自己爭取，當我們生活無法自理，就需要外力幫忙。首先也最重要的是**身體**接觸，如握著對方的手久一點，偶爾來個不帶曖昧的擁抱，定期按摩或物理治療，養寵物為伴，甚至在沐浴或游泳時享受水滑過肌膚的感覺，以及各種材質、布料與物體的觸感。

然而，身體接觸絕非獲得泰然的唯一途徑，凡是愉悅的感官經驗都能帶來同樣的效果，例如見到美麗的臉龐、欣賞風景畫、聆聽或彈奏音樂、獨唱或合唱、聞到香味、品嚐食物、活動（如散步或運動）和直覺體驗等等，這些往往能強化我們對周遭世界的感受。感官確實能為我們的生活帶來意義與感覺，所有身體和感官經驗都會影響精神與心靈。

主動尋求觸碰有時並不容易，因為必須離開舒適圈，而且不一定知道對方會如何反應。**被觸碰**是**觸碰**的消極互補，有賴於我們願意讓它發生。而當觸碰和被觸碰同時發生，效果尤其神奇。我們擁抱和被擁抱，肌膚相親，心靈合一，觸碰別人成了觸碰自己，因為在觸碰別人的同時，我們也被人觸碰。

舉例來說，跳舞就是放鬆並擁有肢體接觸的絕佳方式。這就是和老人相處時，創造跳舞的機會非常重要的原因。當然，有人缺乏觸碰，也有人觸碰太多，到了令人窒息的程度，從需求變成了強迫。找到正確的平衡需要纖細敏銳的直覺。

心靈和精神的觸碰跟身體接觸一樣重要。和身體接觸不同，心靈的觸碰跟感覺和情緒有關，有時只要一點善意與親切就能激發或觸動。只要沒有冷漠，心靈觸碰就可能發生。泰然是不躁動，而非冷漠或缺乏情緒與感覺。感覺和情緒是生活的調味料，少了它們人生就會索然無味。它們是靈魂的語言，不只透過語言，也會透過眼神、表情、姿態及行為來表達。這些口語和非口語的表達劃定了我們一生所在的社會環境，讓我們想親近某些人，遠離某些人。

情緒不總是好的，因為它一樣受制於**兩極律**。負面情緒若無法逃避或理解，對年長者就和對年輕人一樣有害，而感覺能力可能直到我們斷氣時都不會喪失，就算罹患失智症或其他失能症依然如此。陪伴在我們身邊的人應該留意這件事。

然而，還有一種觸碰也能帶來泰然，那就是思想中的心靈觸碰，例如當我們沈浸在**對話**中，別人的思想會觸碰我們，我們也會用思想觸碰他人。不僅對話如此，**沉默**也是如此。有時不發一語也能交換思想，而且我們在沉默中尤其容易被思想觸碰，被夢境觸及，因為不只真實事物能觸動我們，虛構的事物也可以。

閱讀就是這樣一種觸碰與被觸碰。長久以來，閱讀一直和手拿書本與翻動紙頁的感官經驗連在一起，即便是現代科技，也依然提供了大量的感官體驗，從打字、點擊、滑動、按壓到改變電子書的字體大小，在在都變成了愉悅的美感經驗。

然而，要是心靈隨著時間愈來愈弱，最後完全封閉了怎麼辦？我們只能假設心靈和物質不同。上了年紀之後，我們有些人會感受到一種無邊無際的觸及，獨立於時空與現實之外，存在於自身之境，不然為何古人的思想依然鮮活？塞內卡真的過世了嗎？心靈的無邊可能性似乎不受任何限制，單是這一點就足以帶來深刻的泰然感。出於愛與友誼的關係更是最美好的機會，讓身心靈一齊享有同等的觸碰和被觸碰。確保生活中擁有肯定生命的觸碰關係，是泰然的第七堂課。

第7堂課

體會愛、友誼和歸屬感

第⑦堂課

體會愛、友誼和歸屬感

上年紀之後，什麼對我們最有幫助？「孝順的兒女。」我十七歲的兒子想也不想就這麼回答。剛退學的他肯定知道自己有一對古怪的父母。這種事當然不好受，但絲毫不會破壞父母和孩子的關係。因為親子之愛並非根植於無常的機運，而是出於意義深刻的**恆久**。這份恆久對父母和孩子都是禮物，鼓勵孩子行事別再像個孩子，開始掌握自己的生命。

兒女是年長者泰然的原因之一，因為兒女是父母生命的延續，也是他們現實中的依靠。多虧孩子，似乎跟不上時代腳步的我們才不致脫節。自古以來，父母總是帶著孩子面對生命的需求與挑戰。但隨著科技創新加速，這個趨勢已經倒轉過來，現在是孩子帶領父母面對生活的新需求與新挑戰，因孩子們在新科技的影響下長大，所以在使用新科技上總是領先一步。有孩子陪著一起掌握最新的科技與文化發展，我們就不會像某些人一樣，愈來愈不了解周遭世界，被迫過著疏離與孤獨的生活。但當父母年紀大了，親子間的愛也可能遭受考驗。我們只能希望自己準備足夠，不會成為兒女的負擔。

除了親子之愛，祖孫之愛更能為年輕人和老人帶來深刻的意義與泰然。就算我們不像過往世代那麼常見到孫子，跟晚輩相處，現代科技依然讓我們得以跨越距離彼此接觸。許多祖父母喜歡陪在孫子身邊，跟他們一起做事，告訴他們這世界的道理。

只有一件事會破壞祖孫關係，就是開始責備兒孫，拒絕並斥責他們從小生活著的變動世界。不過，晚輩們通常都能在祖父母身上找到關懷與泰然，找到避風的港灣，這大大有利於他們的成長。祖父母會重述自己小時候聽到的故事，他們的生活是家族「小」歷史和社會「大」歷史的橋樑，既代表家族的過往，也經歷了過去的社會，因此能具體將經驗傳達給年輕人體會。年輕人蓬勃的生命力與老年人衰退的活力構成了生命的圓，雙方都能體會自己是更大群體的一部分，是這個**連續體**讓生命具有意義。

和自己的孩子重新經歷長大的過程，是人生最深刻、最美好的體驗，至少我回顧自己的過往時就是如此。看著孩子發現世界，我們也能重新發現世界。要是沒有兒女或孫兒呢？我們仍能尋求孩童的陪伴，只是不能以令人擔憂的方式，例如在家附近的小學擔任**志願朗讀者**就不錯，可以將廣大的世界帶進學校，讓孩子們知道這世界對他們深感興趣，同時了解孩子們的興趣與在乎的事物。至於其他形式的社會參與，例如輔導弱勢兒童等，也能增強孩子的抗壓性。孩童只要得到足夠的注意與鼓勵，即使面對困境也能獨自應付，並且會百倍報答當初給予他們鼓勵與注意的人。如此，老年人更能感覺生命仍在延續，而且若是能參與孩子的成長與發展，延續還能更長。目前有人推行在養老機構裡設立幼稚園，也能創造類似的機會。

若有兄弟姊妹，當我們上了年紀，他們也能成為我們的依靠。從小的親密讓兄弟姊妹無論痛苦歡樂都能分享，再小的事情也一樣，永遠有人可以聊聊。這份情感終生有效，就算失去了所有依靠，我們仍然可以倚賴他們。但我們必須小心不要掉入陷阱，導致手足之情出現無法挽救的裂痕。這個陷阱就是在遺產的事上積怨與嫉妒。很可惜，不是所有手足都能避免這個陷阱。有些手足寧可利用這個機會清算童年時的舊帳，有些則是積怨直到生命盡頭，誰也無法說服他們改變心意。任何一段手足關係的破裂，都能讓泰然變成寂寞。

對於曾經和我們一起經歷人生，至少一起經歷了部份人生的人，但願我們能始終保有對他們的愛。單是人生有他人共享，就能讓生命具有意義。這是長保年輕的關鍵，也是面對生命挑戰仍能泰然的基礎，因為生命美好，直到最後一刻都充滿意義。只要至少有一人的存在能讓我們開心，而我們的存在也讓對方開心，就算不一定每天快樂，也能讓我們的人生具有意義。

到了這個年紀，我們比過往更倚賴伴侶關係中的情感與善意，而這全根源於我們每個人必須自己做的一個決定：「這就是我想共度人生的伴侶！」我們的記憶力和專注力愈來愈差，身體也不再那麼靈活與動人，因而愈常需要別人包容。尤其當其中一方改變了，不論因為內心的苦楚、憂鬱、失智或疾病，兩人的愛情是否能直到死亡將兩人分開，完全要看我們是否決定讓愛繼續。倘若年少時愛情的最高證明就是「跟對方到天涯海角」和「一起變老」，那現在就是考驗我們是否言行如一的時候。

上了年紀之後，**友誼**同樣具有無可估量的價值。我們退休後還剩什麼？對許多人來說，就剩下朋友。我們可以和朋友共享珍貴的回憶，和他們聊天，卸下心裡的重擔——當然不是無限制的，免得讓友誼的土壤崩解。友誼的美好來自於親密與熟悉。我們對朋友毫無所求，只喜歡有他們為伴。有人喜歡我們，而我們也喜歡對方，是一件快樂的事。我們可以向對方傾吐心事，對方也能向我們傾吐心事，我們在對方心裡擁有特殊地位，對方在我們心中也是如此。

友誼的泰然：朋友很少住在一起，這省了許多麻煩；朋友很少上床，這省了更多麻煩。然而，友誼並不是童話故事，化解問題最好的方法就是接受問題是人生的一部分，通常只要彼此冷靜一陣子就能解決。此外，年紀愈長，我們愈了解對方喜歡和討厭什麼，什麼有益於對方，什麼有害，什麼對方做得好，什麼對方應付不來。

所有關係都有助於人生取得意義與泰然，年紀愈大愈明白這一點，而當我們有所體會，就會自問：我們和誰沒了聯繫？為什麼？有什麼原因嗎？惋惜嗎？想知道對方人在哪裡，過得如何嗎？還是問這些已經太遲，就像哲學家漢娜・鄂蘭六十七歲那年見到老友舊識陸續辭世，這才發覺某個過程已經全速展開，「由熟悉的臉孔（無論是敵是友）組成的世界逐漸成為荒漠，充滿陌生的面龐。」鄂蘭一九七四年在信裡這麼告訴好友瑪莉・麥卡錫，並稱之為「除葉」甚至是「伐林」的過程：不是她遠離這世界，而是「世界逐漸解體。」總之，這看來是她的觀點，不代表世界真是如此。我們似乎向來不擅長這樣的區分，而不僅老年如此。我們常將認知當成真相，其實認知只能抓到真相的小小一角。認知會隨著我們的年紀不斷改變，就是最好的證明。

面對**宿敵**在老年也很重要，我們必須決定是否讓敵意持續到生命盡頭。或許和解仍有機會，就算只是遵循基督教的核心教義，也可以嘗試「愛你的仇敵」。不過這麼做需要超人的能耐，因此比較合理的做法或許不是埋葬多年來的齟齬，而是文明以對。畢竟比起其他關係，宿敵不是更能讓我們的人生維持一致？敵人不是更值得我們真誠認同，能如此堅持不懈與我們敵對？憤怒和惱火不是更能讓我們體會愛與喜悅的美好？宿敵的存在不是讓我們更感動於自己有幸為人所愛？除此之外，我們都知道敵人能刺激我們成就大事，「我要證明給他看！」少了敵人，我們或許很難達到相同的高度。這麼想很可悲？我應該多一點泰然與靜定，拓展心靈的視野？

第8堂課

與生命和諧共處，泰然以對

第⑧堂課

與生命和諧共處，泰然以對

覺察是泰然的第八堂課，在我們遭遇重大問題時很有用。覺察代表尋找意義，尋找脈絡與**一致性**，並且真的找到：「這下我全明白了！」這裡指的不大是**生命的意義**，而是**生活中的意義**，特定現象和經驗的意義與重要性。我們如何增進生活中不同層面的意義？身體意義源自感官經驗，靈性意義來自**有感的關係**，智性意義來自思想。

上了年紀之後，思緒更常繞著生命打轉——但願不是追悔，而是回顧，看清生命的來龍去脈，**參透**人生的意義。遍嘗世事，有所成就之後，如今終於可以回顧、詮釋、權衡與評價自己的一生，問自己來自何處，經歷過什麼，又成就了什麼。哪些是我們最重要的關係與經歷、夢想與想法、價值與習慣、恐懼與傷害？哪些又是這一生最美好的事物？

混沌紛雜的過去如今需要明確的輪廓。沒有人能自稱完全明瞭自己的一生，遑論了解人生。我們永遠無法確定此生的意義，甚至是否缺乏意義。但重點不在生命的客觀真相，而在主觀感受到的真相有多少說服力。我們心裡有個聲音，要我們從生命中歸納出一個說法，用它來佐證我們的人生。幾乎沒有人不關心自己如何度過此生。無論宗教信仰對此說法為何，有一點絕不會錯：**我們對這一生的詮釋是存在的最高法院，我們只需向自己證明這一生沒有白活。**

當我們回顧人生，分水嶺時刻又再次凸顯。人生在這些時候轉了彎，回顧時好比一個假設性的自傳：「要是當初……或許……」事情這樣發展是純粹出於巧合，還是我們造成的？有人指點迷津嗎？哪些要歸功於別人？如果有，要歸功於誰？我們在生活和工作中實現了哪些機會？是否曾為了自己相信的事物而戰？這一生過得圓滿嗎？如果可以，願不願意重來？這一生過得充實嗎？美好還是不美好？哪些夢想成真了，哪些沒有？

哪些地方成功了，哪些失敗？

有時事情出錯不是我們造成的，有時我們確實能做更好的決定。稍微思考這些事有其道理，但別想太久，因為當初會做那些決定必然有理由，而且當時也沒有現在的知識與經驗。就算人生並非一帆風順，也沒有理由後悔。生命不必小到所有細節都很成功。失敗從來不算什麼，壞的是不去嘗試，不僅糟糕，而且丟臉。失敗也可能很有價值，就算對自己沒用，也可能對別人有益。更明白什麼管用、什麼沒效，對現在和未來都是很好的參考。

但我們不只**往回看**，還要以新的方式超越自身的存在**往前看**。所有如此重要的事有哪些還會存在？這一點真的很重要嗎？我們能怎麼做？不是等到遙遠的未來，而是當下就該回顧過去，校正現在，為如何處置身外之物做準備。而在我們這個時代，身外之物除了物品，還包括我們在數位世界裡擁有的事物。

反省和回顧能幫助我們釋放內在緊張，達致**靜定接納**的狀態，不再屈服於人生將盡的心理壓力。尋找意義與一致可以讓我們找到答案，釐清與闡明我們生命中的許多面向，將之納入一個完整的敍事之中。前蘇格拉底時期的哲學家德謨克利特率先以基本粒子（他稱之為**原子**）的運動來解釋世界，對他而言，覺察能帶來愉悅的靜定，也就是希臘文的 euthymia（安祥）。他認為愉悅的靜定是至高的內在善，遠高於所有的物質享受與感官滿足。由於他的主張實在經典，後世都稱他為歡笑哲學家。

的確，有幽默感和懂得笑是靜定的特色之一，但人不可能笑個不停。靜定不等於樂觀與亢奮，雖然兩者確有重疊。說自己「是開心的人」

不代表必須隨時快樂。情緒和心理狀態往往依賴情境及人生階段，而開心者的幸福是**多重的幸福**，隨時隨地遠遠多於只是生活。這種幸福很像孩子的喜悅，而其實我們就算上了年紀，依然能擁有孩子的滿足感與自由，只是多了對於過往一切的感謝之情，並且由於數十年經歷而能綜觀人生，使得這份滿足與自由更加豐富：這個「我」在歲月中成長與成熟，去過和經過了無數地方與空間，而我走過的所有人生道路、岔路與小徑，日後回顧都成為人生最緊張刺激的部份。多虧了這條人生長路，以及沿途克服的種種障礙，我們才能達到這秋收般的富足，含括了整個人生，好的壞的、喜歡的不喜歡的、表面的深刻的，統統在內。

與生命和諧共處，是靜定的基本**樣態**。靜定不要求徹底和諧，而是全心信任生命，提供自我之所需，讓自我得以面對一切。與生命和諧共處能克服年老的所有壞處。和諧與泰然密不可分。泰然是不強硬，這從德文

gelassenheit（泰然）是由動詞 lassen（放開）演變而來就能明白。泰然是局勢愈壞就愈輕鬆，讓事情發生而非讓狀況變得更複雜，是禮讓對方，讓對方順心，是貼合生命的節奏而放鬆，自在告別無法忍受的事物，是將自己交給命運，甚至張開雙臂迎接命定的悲劇，不論何種形式。

當然，不是所有事都需要泰然以對，但該為了什麼而生氣？或許為了對比。即使泰然也需要喘息，而氣憤就是泰然偶爾需要的暫停。深呼吸代表我們比之前更能自由泰然地吐露心聲，因為我們不再害怕失去。我們擁有老年的**溫和自由**而非年少的**急進自由**，畢竟我們的睪固酮分泌持續降低。一切都隨心所欲，不再需要短期計畫。我們再也不需向自己或他人證明自己——需要也來不及了。

到了這個年紀，我們愈來愈有機會獲得所謂的老年**智慧**，甚至無須努力，而原因可能只是我們不再有力氣應付**無謂**。智者就是無入而不自得，甚至能從不愉快的處境得到收穫：「我能從中學到東西！」智者在人生路上學到很多，懂得很多，卻又明白所有的知識均屬相對。智者慎思明辨，任何處境都能判明局勢，並推斷未來。智者見識過人的可能與不可能，對人生道路略知一二，因而能跳出局外省察自己，而不像年少時那麼一頭熱，無法保持泰然的距離。

愉悅的泰然並不排斥悲傷，與「生命」和「年老」和諧共處也不例外。每晚睡前我都會對將結束的一天深懷感謝，同時為它的逝去而無限感傷。沒什麼比夜晚到來更常讓我想起另一個終點即將到來。我的一生濃縮成一天，如今已近夜晚。或許是下一個白日的開端，這份安慰卻沒能令我心頭溫暖。眺望人生一日的結局，我問自己如何達到至高的平衡，為最後的關鍵時刻做準備，又要如何活得喜悅，以面對向生命告別的悲哀。

第9堂課

生命有限，何不追求珠寶般的人生

第⑨堂課

生命有限，何不追求珠寶般的人生

年紀一大，泰然便成為必然。當人生終點近在眼前，泰然的第九堂課便是學習如何自處，建立合適的態度。比起過往，我們更常聽聞他人辭世，感觸也更強烈，有時甚至感同身受。我們發現自己心裡想著：「至少他解脫了。」父母一旦離世，我們很清楚自己成了先頭部隊，在我們和人生終點之間再也沒有別人排在前面。

我最佩服我母親的一點，便是她的泰然，不僅面對年老如此，面對死亡更是一派輕鬆，直到辭世當天依然故我，淡然對我說：「我知道自己會去哪裡。」她深信自己一定會和心愛的丈夫重逢。我父親離世多年，生前老愛說：「人只是把死延到人生的最後。」即便臨終前，我的兄弟姊妹圍在床邊，他仍對他們說：「我父親八十四歲過世，母親八十八歲離開，我的爺爺奶奶比他們還長壽，我應該沒那麼快走吧？」

生命但看你如何看待，死亡也是。沒有人知道死亡究竟是什麼，或許這便是死亡如此令人不安的原因。唯有看待死亡的方式能讓我們稍得安慰。我們可以將死亡看成是一件賦予生命意義的事，因為它為生命劃下界限，少了界限，生命就沒了價值，因為唯有限量才珍貴，這就是為什麼珠寶比石頭還寶貴。由於壽命有限，我們才會追求**珠寶般的人生**，在上天賜予我們的時間裡盡量蒐集美好時刻。若不曾察覺生命的有限，可能就會過著**石頭般的人生**，有著無數的黯淡時光。由於明白時間有限，我們才會盡可能活出不一樣的生命。要是有一天壽命能無限延長，我們許多人可能都會「坐等人生上門」——既然永遠都有時間，何必費力實現潛能，甚至早上何必急著下床？

然而，死亡也有滅絕的一天嗎？二〇〇九年，諾貝爾醫學獎頒給了發現端粒如何影響活細胞的研究。端粒會在染色分體前端形成保護帽，防止染色體衰敗，確保細胞繁殖，但它會隨著年齡而耗損，最終導致細胞停止繁殖。這表示端粒能調控老化與死亡。然而，有「青春之酶」之稱的端粒酶卻能修復受損的端粒，而且會在幹細胞內自然發生，因此幹細胞可以說是不朽的。目前已經進行了足夠的動物實驗，顯示端粒酶藥物能人為誘發修復過程，人體實驗可望在不久的將來展開。人類不是一直夢想著回復青春？所以這麼做有什麼問題？端粒酶療法有不少可能的副作用，引發癌症只是其中之一，因為端粒酶也會促使癌細胞無限增殖。

因此，死亡可能還不會輕易滅絕，而且它之所以如此頑強，可能因為死亡對演化過程有益且有用，否則不會一開始就存在。個體必須消亡，才能讓群體生命得以延續。不只是我，所有人、所有生物都一樣，即使人類往往覺得死是生命裡最沒道理的部份。死亡中斷個體生存，讓出空間給新生命。基因會在新生命裡重組與混合，讓新生命有嶄新的力量實現新的潛能，以新方法解決舊問題或再次落敗。就演化的觀點來看，這套方法顯然要比草履蟲無限繁殖要成功許多。

然而，只要死亡一息尚存，我們每個人就必須做最後決定，因為死亡也早就現代化了。對我來說，只要還能**順其自然**，和古代一樣，我就會那麼做。但萬一發生狀況，我不再能夠應付，我會事先拜託親戚到時幫我決定。親戚們了解我，知道情況危急時我會選擇什麼。我們有些人會交代得更詳細，儘管無法預料所有可能發生的情形。

主動自殺是另外一種可能。長久以來，西方社會一直拒絕這種做法，但懲罰做此選擇的人卻愈來愈令人為難。如果想採取這種自殺方式，可以配合被動安樂死，或要求他人協助，例如取得自殺所需的工具和物品。雖然結束生命的責任完全在我們身上，但我們有必要多做考量：**對自己**，如此戕害自己的生命可能不盡公平，尤其我們可能故意無視內心反對的聲音；**對別人**，我們可能並未充分考慮這麼做會對他們有何影響。我們自殺會不會帶給他們物質上和精神上的沈重負擔？說不定這才是我們沒說出口的目的：讓他們陷入困境，強迫他們無止盡地追問自己，我們為何要以如此方式了結自己的性命。因為比起其他死亡方式，自殺會讓身邊的人永遠無法釋懷：是我的錯嗎？我做錯了什麼？還是忽略了什麼？我當初是否能做些什麼？

被動自殺也是選擇之一。這麼做同樣出於個人決定，但本人不作任何行動，就像停止飲水進食一樣。主動安樂死便是一種被動自殺，但這也有困難，因為生死的責任轉到了別人身上。考慮到安樂死的執行者與接收者，我們有必要立法規範，以確定接受者死亡是出於本人的決定，還是源自別人的謀畫，例如急著拿到遺產等等。在荷蘭，相關法令已經施行多年，規定的內容感覺頗為合理：想結束生命的人必須仔細考慮並反覆確認，以排除出於一時情緒衝動的可能。罹病者必須由至少兩位醫師診斷為末期，而且只能由一名醫師執行安樂死。

現代人結束生命的方式很多，因此尤其應該事前思考一番。不過，**思考死亡**早從西元前六世紀的畢達哥拉斯開始，就一直是標準的哲學課題，目的是站在生命的終點之上思考人生，以便評價甚至改變自己的生命。我自己就常想像自己的臨終之日，甚至臨終前的一小時，尤其在我睡覺或小憩時特別喜歡思考這件事。最後一刻必然會來，只是不曉得會是什麼情況。我們無法預先知道死亡會在哪裡，或以何種方式發生，就算做計畫也不一定會照著實現，但我至少可以想像。為什麼要這樣做？為了克服對死亡的恐懼嗎？但我還無法不害怕，死亡對我仍然是一件恐怖的事。所以是為什麼？為了讓我不再對死亡感到徹底地陌生，同時藉著死亡來想清楚，對我來說人生中真正重要的到底是什麼。

在我的想像裡，死亡是時間的終結、世界的結束，至少對我是如此。當臨終之日到來，我希望它和平常的日子一樣，照我喜歡的樣子，只不過那天我不會工作。和往常一樣，我會在床上沉思片刻，在心裡跟看不見的對話者交談，這是我自己的宗教儀式。接著我會慢慢沖澡，然後一邊享用美味的燕麥片，一邊看報。早餐之後，我會漫步到其中一家心愛的咖啡館，那裡有三、四十種咖啡可選。我會挑溫和一點的，例如厄瓜多「長壽村」維卡班巴咖啡，希望自己能人如豆名，同樣長命百歲。我還會點一樣平常不會點的東西來配我的咖啡，那就是櫻桃派。享用完後，還有一點時間去造訪離我們最近的動物親戚，於是我漫步到動物園，讚嘆那些靈長類動物和我們有那麼多共同之處，原本細微的差異竟然慢慢演化成判然有別的特質，尤其是人類對未知事物的無止盡渴望，讓我們投入世界，永遠躍躍欲試，急著探索生命新的可能。

完成了獨自享受的部份，接下來就是家人時間。我已經打過電話給我的大兒子和二兒子，還有我的兄弟姊妹與摯友，向他們一一道別。好吧，雖然我沒說，但我知道跟某人最後一次說話，而且知道是最後一次，會有多麼難受，因為我經歷過不只一次。接著我會跟小兒子享受最後一次**男人的午餐**。我們總說那是**兄弟餐**，食物又乾又硬，我以前在故鄉巴伐利亞常吃，但比雅克．布雷爾一九六四年發行的香頌歌曲〈最後一餐〉裡的那一餐要粗陋多了，我只希望即將到來的別離不會壞了我們的胃口。不過由於家有哲學家，我們其實從以前就經常談論死亡。我會最後一次讀王爾德給女兒聽，她喜歡和我一起讀書——我們最近在讀《溫夫人的扇子》。

和王爾德一樣，我只為自己沒犯的罪而懺悔。也許我不夠離經叛道，但卻有幸和我一生最愛的女人一起經歷了許多美好，而這正是我臨終前該做的事。我的最後一晚只屬於我和她。我們倆會一起入睡，希望我不會忘了說出道別的話語，至少不會忘了在心裡想：這一生真是美好（或經常掛在我嘴邊的那句話）：「主啊，謝謝祢賜給我這一生如此多的美好！」

我說的「主」是誰？我不曉得。我只是始終感覺自己的生命來自一個無比偉大的什麼，並受祂引導。是**原力**嗎？就算是，我也絕不相信祂知道自己在做什麼。還有：要是我們其實被包在無垠的大海裡，那海無止盡地擴大，超越我們的生命呢？要是世界再次變成那樣呢？要是一個空間關上，另一個空間打開了呢？

第10堂課

變老的是我們的外表，而非本質

第⑩堂課

變老的是我們的外表，而非本質

現在，我們或許可以思考生命的形而上了。形而上不一定要像某些人說的「超越凡世」——亞里斯多德部份著作在他死後以《形上學》為名問世，書名 meta ta physika 的原意就是在物理（自然）之後或之上——也可以探討此時此地的普遍本質，而這本質遠遠超越任何**可想像的有限性**。泰然是**感覺並知道**我們在「無限」的懷抱中，而我們如何稱呼這無限一點也無關緊要，更重要的是在人生的終點接近時，和我們自己的有限性共處，甚至像孩子般相信我們是更大的全體的一部分，一如孩子相信自己屬於他所來自的世界。遲暮之年需要的正是這種態度，也幾乎別無選擇。

無論從宗教或世俗來看，死亡都是體驗「超越」的管道。死亡究竟怎麼回事一點也不重要，最終人在乎的不是確定，反正不可能有人做得到，而是**詮釋**，而我們每個人都有自己的詮釋，不論是基於可信度（例如必須合乎常理）或美感（必須夠美好）而來。因此，超越現有的世界，而有另一種存在的可能性，可以從假設變成生命的真理，而這便是泰然的第十堂課：將自己的生命向無限敞開，以超越有限，至少也想像這個可能。如此一來，即使我們面臨生命最大的脆弱，也會覺得安然，覺得活在充滿意義的世界中，那全然的**完滿**足以擺脫此時此地的限制，粉碎無意義——除非我們寧可認為這脆弱是人生的根本事實。

這裡提到的意義，是最全面的整體價值，將有限連結到無限之中。我們終其一生都**直覺**感受到可能有這樣一種意義的完滿存在，在我們狂喜的時候，在感官極度滿足的時候，在情緒激動、想像與理智亢奮、深刻談話或閱讀、完全沈浸在遊戲或活動之中、做夢或做起事來「得心應手」的時候。這些感覺強烈的時刻有一個特點，就是我們往往會渾然忘我、忘記時間，覺得天人合一。這種體驗我們常常稱為**神聖**經驗，而且往往強烈到我們久久不忘。我們會感受到強烈的能量，感覺這或許就是生命的本質，遠遠超越「我」和我的一生。

所有意義非凡的經驗，不論來自感官、精神或心靈，都證實這種能量存在。尤其在生命的尾聲，當這股型態多樣的**能量**即將離開軀體，我們更會清楚發現它才是生命與死亡的差別所在。我不希望各位將「能量」理解成某種高深莫測的東西。它其實隨處可見，容易估量，以各種型態出現，例如熱量、電能和動能。對這些物理能量而言，亥姆霍茲於一八四七年發現的能量守恆定律依然成立：能量可以轉換成另一種能量，但永遠不會消失。這代表**能量不滅**。所有文明（除了我們的現代文明之外）都認為「靈魂」是不朽的，而靈魂或許只是能量的另一個名字。死亡證明了這個基本元素從一開始便存在於每個有機體當中，賦予有機體生命，最後又離開有機體。但靈魂（能量）去了哪裡？會變成什麼？

生命的能量肯定在某個地方，因為沒有量子會消滅，但不會在特定的地方。即便在人體層次，似乎也沒有真正的死亡，所有原子與分子遲早會轉變成新的原子和分子結構，沒有一個會消失。身體只是不再以目前的型態存在，但體內所有部份都會轉變成新的型態。靈魂的能量或許也是如此，而且由於能量不會老化，我們的靈魂在老化的軀體裡才能永遠感覺年輕。

變老的是我們的外表，而非本質。就像王爾德的小說《格雷的畫像》裡，格雷的畫像變得老舊，他本人卻始終年輕，用真實生活來說，畫像就好比身體在鏡中的影像，會隨著能量衰退而老化，讓我們感覺體力變差。但這只適用於鏡中影像，也就是我們的身體，而我們的能量，也就是我們的本質（也可稱為靈魂）卻不會老化，永遠年輕，最終更是**青春永駐**，只是方式完全不同。

甚至超越死亡嗎？我們不難想像自己的能量流回宇宙能量大海中，讓新的生命型態充滿能量。如此一來，逝去的生命將在其他人、有機體和物體內獲得新生，此即生命的**永恆回歸**。這不就等於重生嗎？或許吧，只是形式不同。我們目前還沒見過同型態的重生，即使如今已是**複製**的年代，短期內也很難實現。我們只能想像在能量場裡，舊的生命型態，有如轉世般，以新型態誕生，能量再次成為肉身，就像從夢裡醒來，前世的回憶也可能在另一具身體內被喚醒。這就是我們有時會在自己身上經歷的感覺，相信我們「在另一世」身為他人。

新「我」一旦誕生，就會開始對一切感到驚奇。原子不會驚奇，唯有當一群原子以特定方式組成了「我」才有能力驚奇。我想像這個「我」會讚嘆於生命的所有現象與豐富，直到嚥下最後一口氣，這個「我」消失無蹤，而後一群新的原子和分子再次組合成一個「我」，但不是之前那個

「我」。在我們現在這個肉體消失之後，真的會有別的生命出現，會有來世嗎？我們真的能和心愛的人（很不幸，還有其他人）在另一個能量態裡重逢嗎？我們有理由相信不無可能，但（和我們現代人想法不同）想像生命最終不會化為烏有，而是會變成其他東西，變成更大的什麼，註定永遠只是猜想，即使在所有**超人類主義**當中，只有這種想像最有機會實現，而且不需要未來科技的幫助——藉由死亡超越人的極限，從古至今一直在發生，未來也會繼續——但它終究只是猜測。

所以，這一切是為了什麼？存在究竟有什麼意義？若能量是存在的本質，而能量又等於其所蘊含的多種可能性，那存在的意義或許就在於實現所有可能性，而不追求單一目標，如此直到無限，而當過程走到盡頭，就會重頭來過。因此，人類存在的意義可能在於實現人性的各種潛能，或許只能實現一個或少數幾個，因為我們的壽命不夠長。人類的存在也可以視為大自然的夢幻發明。還是該說離奇的發明？也許吧，但這只會讓我們更享受這個非比尋常的離奇現象，探索它的各種可能，參與實現潛能的過程。

因此，我們每個人的存在意義或許就在於付出多少心力，讓生命**充分綻放**潛能，不論多小或多不起眼，甚至為造物者付出心力。我是豐富生命的其中一個潛能，這就是我一生的意義，從生到死。這也是所有人的存在意義。從生命的整體看，我們每個人的每個經驗都無比重要。演化得益於無數個體以自身嘗試各種可能性，小規模嘗試成功的經驗可被大規模採納，就好比觀光客集體探索旅遊景點，每位旅客只探索一個或幾個景點，然後口耳相傳，最後所有旅客都知道哪裡值得一遊，哪裡沒必要去。

當我們將死亡視為邁向另一段生命的過渡，死亡甚至美好和正面了起來。不過，誰曉得呢，死亡也可能只是從清醒邁向沉睡而已。活著的時候，我們很難將自己完全交給長眠，唯有到了生命盡頭，當我們被「存在的巨大疲憊」壓倒，這一切才突然變得輕鬆自然。此刻我們最好相信不是所有生命都以死亡告終，會逝去的只有現在的這副肉身，而我們的肉身也不過是另一個從**存在的長眠**（即死亡）甦醒過來的生命而已。睡眠有醫治的效果，存在的長眠或許也能醫治生命所受的創傷，直到生命重新開始。舊生命的未竟之業將由新的生命繼續，讓放下舊生命的我們得以進入早已存於彼端的靜定泰然之中。當我們年紀漸長，得知自己或許能邁向另一段生命，將會大大舒緩我們必須在**此生**經歷所有事物的焦慮。萬一結果並非如此呢？至少我們所唯一擁有的這一生，將會過得泰然而美好。

愛日常 004

變老能得到什麼：泰然享受人生下半場的十堂課

Gelassenheit - Was wir gewinnen, wenn wir älter werden

威廉・許密德 ◎著
賴盈滿 ◎譯

出版者　愛米粒出版有限公司
台北市　10445 中山北路二段 26 巷 2 號 2 樓

編輯部專線　（02）2562-2159
傳　真　（02）2581-8761
【如果您對本書或本出版公司有任何意見，歡迎來電】

總編輯　莊靜君
行政編輯　曾于珊
校　對　葉怡姍／曾于珊
印　刷　上好印刷股份有限公司
電話　（04）23150280
初　版　二〇一八年（民 107）十月一日

定　價　220 元
總經銷　知己圖書股份有限公司
郵政劃撥　15060393

台北公司　台北市 106 辛亥路一段 30 號 9 樓
電話　（02）2367-2044
／　（02）2367-2047
傳真　（02）2363-5741

台中公司　台中市 407 工業 30 路 1 號
電話　（04）2359-5819
傳真　（04）2359-5493

法律顧問　陳思成
國際書碼　978-986-96783-2-2
CIP　173.5/107012326